生き方のヒントをくれる赤ちゃんセンパイ

野澤幸司

監修／玉川大学脳科学研究所 教授
岡田浩之

はじめに

無垢で何も考えていないように見える赤ちゃん。でも、そんなかわいい外見に反して、実は彼らはさまざまな戦略を企て、日々実行しています。なぜなら赤ちゃんは私たち大人以上に、生きていくことに貪欲だから。生き残るという、動物本来の欲望に忠実だから。4本足から、やがて2本足で歩くようになり、言語を獲得し、コミュニケーション力を発達させていく。そんな動物から人間への数千万年分の進化のプロセスを、赤ちゃんはたった1、2年の間に駆け抜けていく。(つまり1日見逃すと、とんでもない年数の進化を見逃すことに…)彼らに学ばない手はない。と思い本著を書くことにしました。職場の先輩に学ぶことも大事。たくさんの本を読むことも大事。でも、生まれて間もない赤ちゃんが教えてくれることもたくさんあるはず。迷ったときは赤ちゃんに立ち返ってみる。みんなもともと赤ちゃんだったのだから。この本は、赤ちゃんの生態の不思議を通して、現代を生きるヒントを学ぶ一冊です。

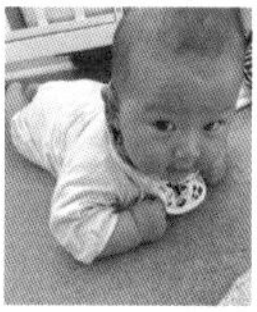
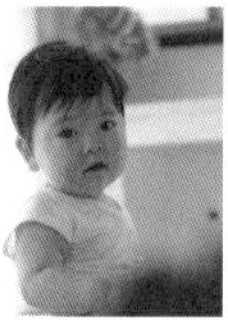

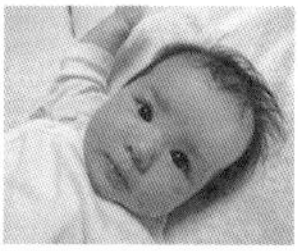
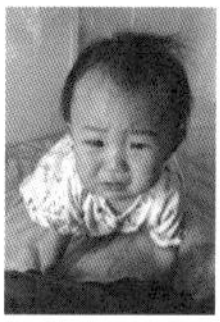

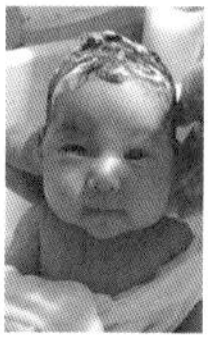
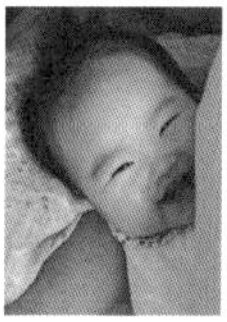
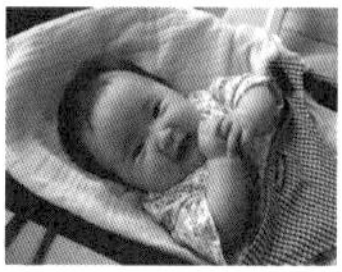
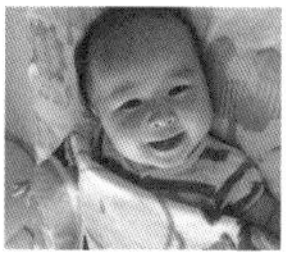

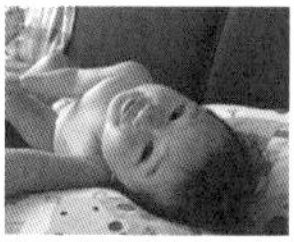

笑う

赤ちゃんはお腹の中にいるときから笑っているといわれています。生まれてきたばかりの赤ちゃんも「新生児微笑」といって、とつぜん、なんの脈絡もなく一人で笑ったりします。まさかぶりっ子で…と思いきや本当にぶりっ子するために笑っています。動物界の中でも、だいぶ未熟な状態で生まれてくる人間の赤ちゃんは、親に育ててもらえなければ生きていくことができません。そして親に育ててもらうためには、かわいいと思われなければいけない。だからたくさん笑うんです。最後は笑っている人が生き残る。それはわれわれ大人にも同じことがいえるかもしれません。

泣く

まだしゃべることができない赤ちゃんは、泣くことで自分の感情を伝えようとします。眠い、お腹すいた、暑い、寒い、オムツが気持ち悪い…と。彼らの泣き声は、聞き流そうとしても聞き流せないもので、こちらに強いストレスを与えてきます。それは、まだできることがあまりない赤ちゃんにとって、無視されてしまうことが最大のリスクだから。パトカーや救急車のサイレンとか緊急地震速報とか、そういう「聞き流されては困るもの」のひとつなのです。

驚く

赤ちゃんは「いないいないばあ」が大好きです。最初は目を見開き驚いて一瞬かたまりますが、そのあと満面の笑みを浮かべます。それはなぜでしょう。赤ちゃんには野生動物の本能が数多く残っています。野生動物は、毎日同じ場所にある果物や植物を食べていたら、やがて食べるものがなくなってしまいます。じゃあ次にどんな戦略をとるかというと、いつもと違う、予想を裏切りそうな場所を集中的に探すんです。だから「予想と違う結果」が嬉しくて仕方ないのですね。この本能の名残が、「いないいないばあ」が大好きな理由。大人は予想が外れると機嫌が悪くなったり不安になったりするけれど。

ＫＹ（空気が読めない）という言葉が流行語になったのは10年以上前のことでしょうか。電車内での携帯電話や飲食から、参院選で大敗した当時の首相が辞任しなかったことまで、様々な分野で使われました。現在でも、周囲の状況に構わず自分勝手な行動をする若者を称する言葉として使われることも多々あります。

一方で、皆さんは赤ちゃんのほうが大人より周囲の雰囲気を感じとる力が優れているのをご存知でしょうか？

生後2週間足らずの生まれたばかりの赤ちゃんが、いくらお腹が空いていても、お母さんが忙しそうなときは遠慮して静かにしているという研究結果があります。本当にお腹が空いているときの泣き方と、とりあえず近くの大人に構ってほしいときの泣き方には明らかに違いがあるのです。

赤ちゃんが一見、気が散りやすく、飽きっぽく見えるのは欠点ではなくて、四方八方を常に観察して身を守るための戦略だと考えられています。一つのことだけに集中していては別のところで起こっている大事なことを見落としてしまいますから。また、まだ言葉を覚える前の赤ちゃんでも、赤ちゃん同士で、お互いの食べ物を遊びながら交換したりすることで、友達と仲良くなる方法を知っているということもわかっています。

言葉は話せなくても、周囲と良好なコミュニケーションを築いていきたいという気持ちは生まれつきのものなのかもしれません。

「大人が完成された人間でこどもは未熟で無垢な存在だ」というイメージや、「幼児のように十分に理解して学習することのできない年齢では教育は無駄だ」と考えられてきた常識は、最近の脳科学の成果によってほとんど否定されています。赤ちゃんは、科学者や推理小説作家などと同じような推理を働かせ、想像力に富み、つねに試行錯誤を繰り返しながら日々の生活を送っているのです。

赤ちゃんは何も知らず、何もできないのではありません。ある意味では大人より賢く、無限に可能性を秘めた天才です。そんな凄い能力から私たち大人も多くのことを学ぶ必要がありそうです。

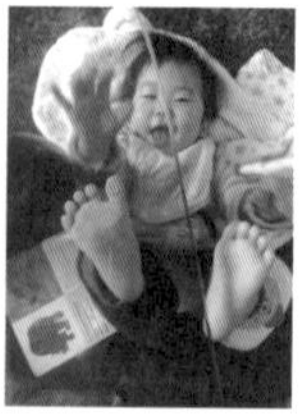

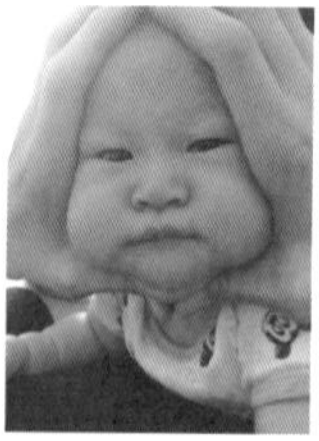

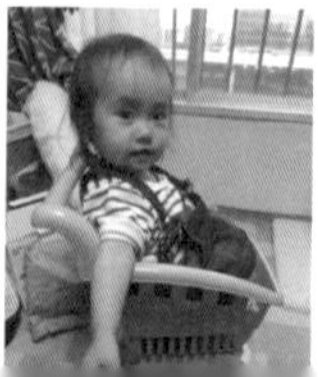

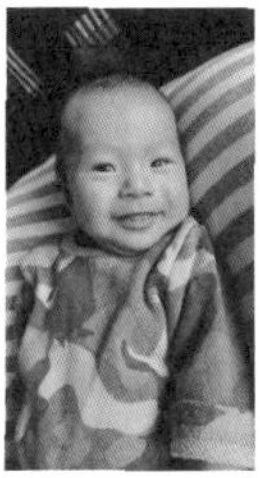
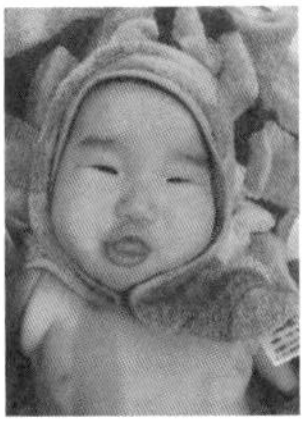
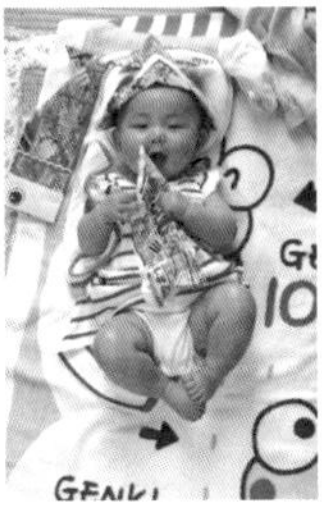

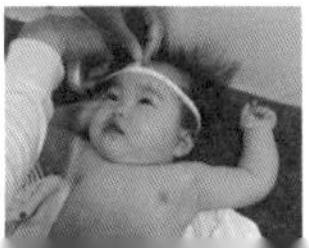

目次

1

赤ちゃんはスーパービジネスマン？

―仕事にも活かせる赤ちゃんのスキル―

口に入れてみなきゃ
わからない。
仕事だってきっとそう。

赤ちゃんは未知のモノと出会ったとき、口に入れて、形・感触・味などを舌で判断しようとします。赤ちゃんにとって、生きるためには母乳を飲むことが最も重要な行動。そのため自然と口まわりの筋肉や口腔内の感覚が発達し、結果として、確かな感覚を持った口を使えるようになります。一見やりたくない仕事ほど、やってみたら成長につながったりしますよね。それと同じです。

プレゼンのコツ。
周りが無視できないほど
大きな声で。

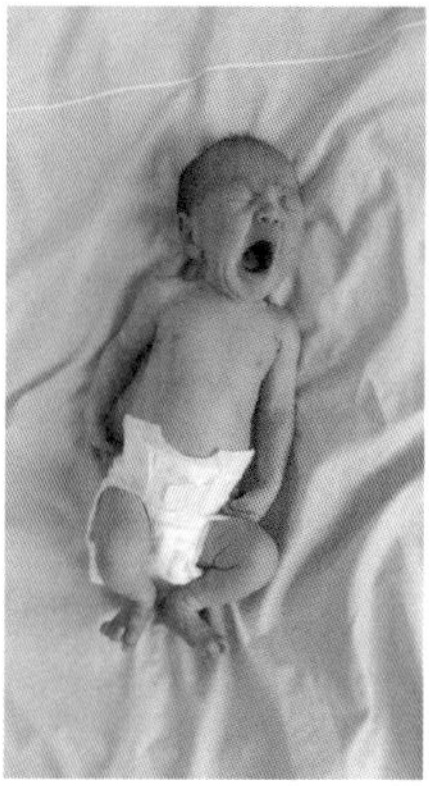

産まれてすぐに赤ちゃんが、顔を真っ赤にしてわーっと泣くのは、「私のことを守って! 愛して!」という命がけのアピール。いわば人生ではじめてのプレゼンテーションです。うまく声が出せないから大声で泣くしかない。命がけで産んでくれたお母さんに、出てきてすぐに甘えるなんて、なかなか図々しいやつらです。でもビジネスも図々しいくらいじゃないとダメですよね。

できる人の真似をする。
それ以上の効率はない。

人間は二足歩行の動物へと進化をしたとき、立ち上がったことで重力の影響を受け産道が狭まってしまいました。そのせいで体が大きくなる前の未熟な状態で生まれてくるようになったわけです。その遅れを取り戻すには、生まれて間もない頃の急成長が必要。だから驚くほど大人の行動から所作までを観察し真似しようとします。この観察力と成長意欲、むしろ私たち大人も真似したいところですね。

社会で生き残る力。
その何割かは、
空気を読む力。

赤ちゃんは音が聞こえるようになったり目が見えるようになると、それらの感覚を総動員して空気を読もうとします。ちょっとでも周囲で何かが起きると、それに気を取られて泣きやんだりする。かと思えば注意が次に行って、また泣いたりする。物事に集中するって良い意味で使われることが多いけど、そんなことをしていたら敵に狙われると赤ちゃんは思ってしまうのですね。でも野生の話だけじゃなくて、大人の社会もそうじゃないでしょうか。たくましく生き残る人で、空気が読めない人は、ほぼいないと思います。

相手によって
態度を変えない。
そういう人と働きたい。

いちど自分を使い分けてしまうと、ずっと使い分けなきゃいけなくなる。しかも使い分けていること、だいたいバレてる。いいことなし。

大人と同じく忙しい。
でも、やらされ仕事は
ひとつもない。

誰かに言われてやる仕事と、自分でやると決めた
仕事。中身がまったく同じでも、意味はまるで違う。
向き合い方の問題でしょうか。

最後はじぶんの意思で決める。

いろんな選択肢がある中で、どれが正解かはわからない。でも、最後の最後は、自分で決断する。その選択は、絶対に正解です。

赤ちゃんは鼻毛がない。
清潔感は愛される武器。

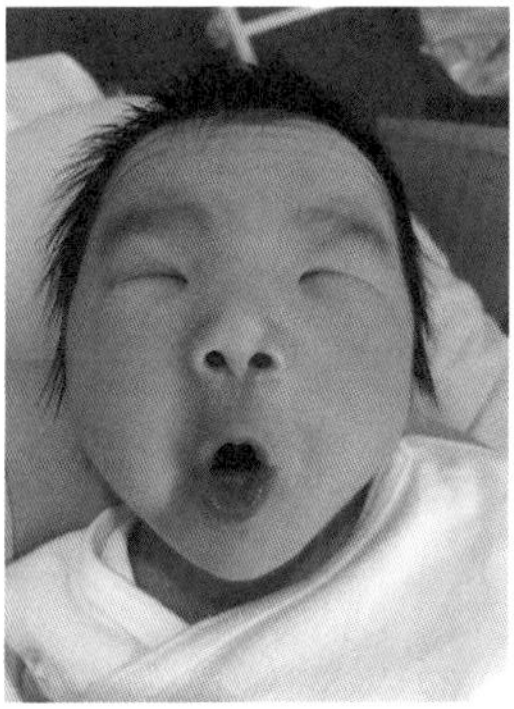

どれだけかっこいい人でも、どれだけ仕事ができる人でも、鼻毛がチラついた瞬間に残念な人。大人は鼻毛が伸びてしまうので、抜いたり切ったりしてください。

遊んでいるように
見えたら一流。
頑張ってるように
見えるうちはまだまだ。

どの世界でもいえることですが、本当に優秀な人は、難しいことをいとも簡単なことのようにこなします。一生懸命遊んでいるように働く人には、一生勝てません。

じぶんで見つけた
答えなら大正解。

やり方が特殊でも、セオリーに反していてもOK。
自分で飛び込んで自分で見つけ出した答えなら、
文句なしで大正解。それは一生役に立つ、自分だけ
の武器。

根拠のない自信、
根拠はないけど
大切にしておこう。

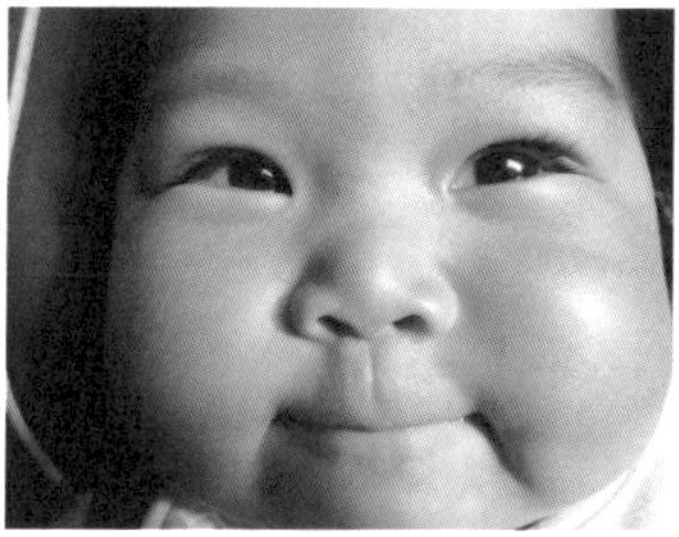

根拠がなくても、自信さえあればチャレンジできる。
チャレンジがあれば、何かしら成長が生まれる。
自分を育てるのは、自分を信じられる心です。

教えてもらうんじゃなくて、
じぶんで気付くしかないんだ。

先輩に言われたことやビジネス書に書いてあること。ぜんぶ大事だけど、自分で感じたことや気づいたことには絶対にかなわない。経験は、最高の先生です。

ハイハイも、
素直にハイと言うのも、
大人になると下手になる。

とりあえずハイと言っておけば平和なのに、その2文字が言えなくなる。大人になるってそういうことかもしれないけど、とりあえず言えばいい。たった2文字なんだし。

ピンチになったら
すぐ知らせる。
報・連・相はやっぱり大切。

仕事で大切なのは、報告・連絡・相談、なんて言いますが、赤ちゃんはその道のプロ。とりあえず一人で抱え込まない。すぐに共有する。助けを求める。つまりリスクマネジメント発想です。

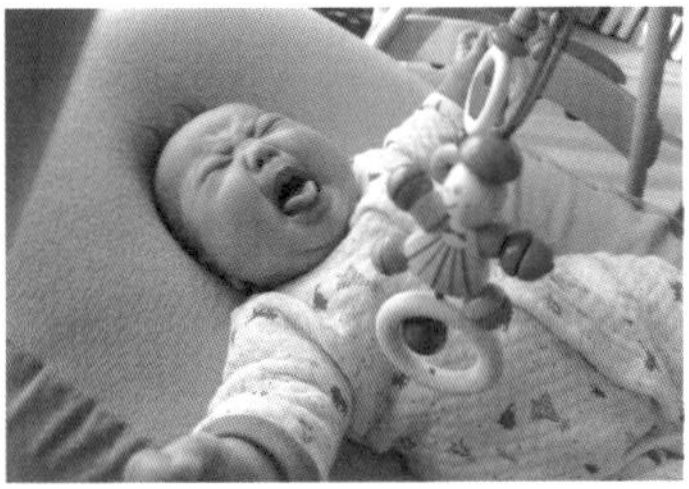

誰かと比べたりしない。
比べてる時間が
もったいない。

自己ベストを更新した人の顔は、どんなメダルより輝いている。自分に勝った人がいちばん強い。いちばんかっこいい。ビジネスだって同じじゃないでしょうか。

話を難しくしてるのは
だいたいじぶん。

仕事でトラブルが起きると、自分のせいだとか、自分がいなければとか、難しく考えてしまいがち。少し無責任なくらいのほうが、実は周囲に誠実です。

駆け引きより、
正直が勝つ。

「正直は最善の策」ということわざがあります。本音で話す人には、相手も本音で話すでしょう。相手の出方を窺《うかが》って駆け引きすると、相手もこちらの出方を窺って駆け引きします。

期待通りより
いい裏切りが好き。

赤ちゃんは未知を経験することで成長するので、予想外の展開が大好き。ビジネスにおいても、相手がいちばん喜ぶのは、予想の外側にある「いい裏切り」かもしれません。

飲みの席はいちばん無防備。
気をつけましょう。

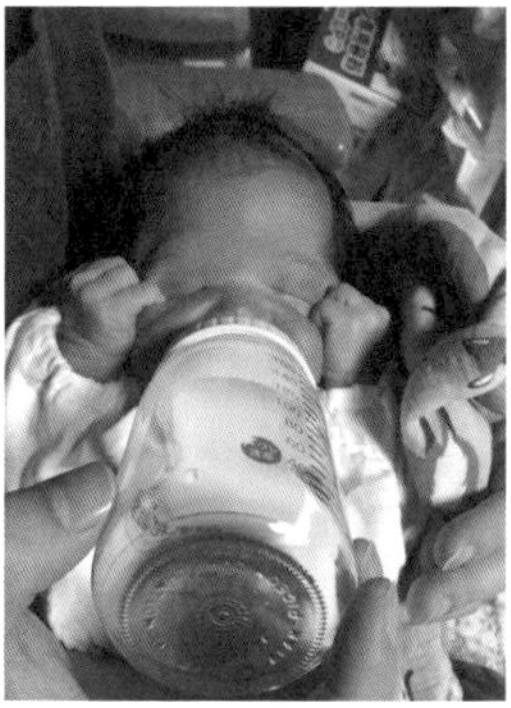

ミルクを飲んでいる赤ちゃんが無防備なのと同じで、
飲みの席にいる働く大人たちも気が緩んでいます。
パソコンを落としたら大変。情報が漏洩したら大変。
「酒で身を滅ぼす」その意味が変わりはじめています。

育てる側が育てられてる。

部下を抱えたり、後輩を育成するのは自分の仕事以上に大変なことかもしれない。でも結果的に成長が大きいのは、実は育てる側。経験した人はみんな知っていますよね。

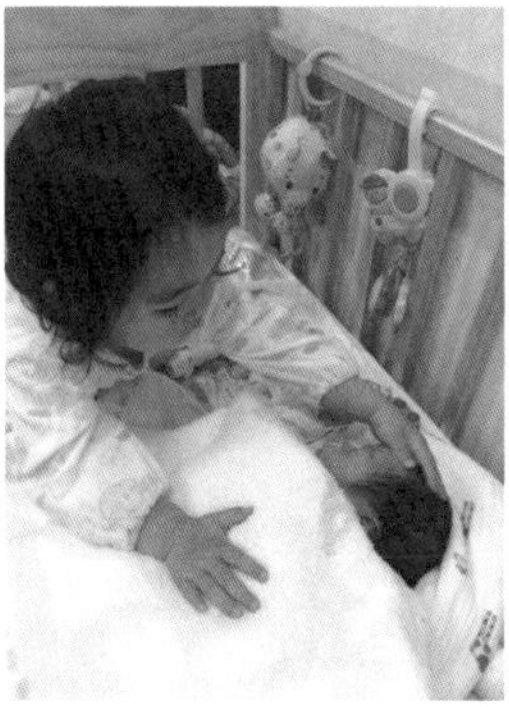

できる人は、
常識も非常識もわきまえている。

無理かもしれないけど、こんなのあったらいいな、と子どもみたいことを言う。いい仕事をする人は、はじめから慣習とかルールに縛られない。どの業界でも同じだと思います。

上司も部下も、
もともと赤ちゃん。
それほど差はない。

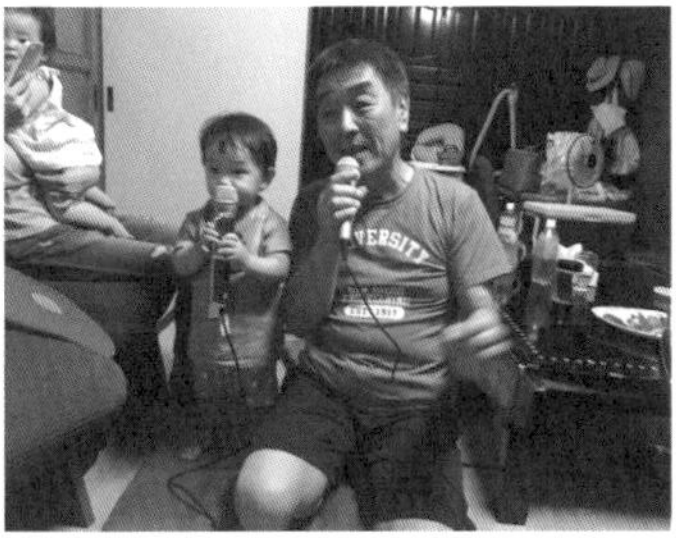

別の星の生物どうしのように、お互いの間に線を引きがちな上司と部下。でも数十年前にさかのぼれば、どちらも赤ちゃん。大差ないです。みんなうんちを漏らしていたのです。

じぶん一人では
生きていけないことを、
大人より知っている。

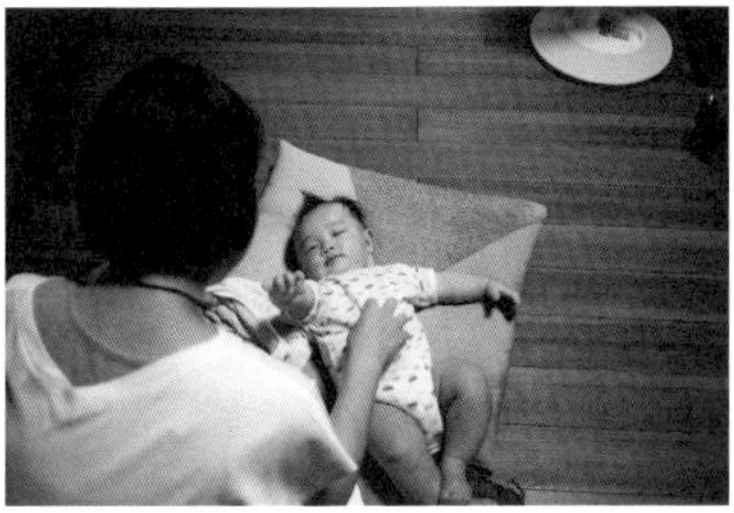

未熟な状態でこの世に生まれてくる人間の赤ちゃん。親がいなければ生きていけないことを知っているので、愛されるためにかわいく見せたり、泣いて振り向いてもらおうとしたりする。なかなかやり手です。

コラム

赤ちゃんのビジネススキル

私は職業柄、いろいろな業種や職種、あるいは様々なポジションの人に会う機会があります。その中で、ビジネスを成功させている人たちには共通しているポイントがあります。たとえば…わからないことをわからないと言える。周りにいっさい忖度しないで自分の意見を主張する。前例や慣習や常識に縛られない。むしろそれを壊したがる。そしてやりたいようにやっているのに、最終的になぜか愛されてしまう。それは知識や経験とは対極にある能力であり、その能力をいちばん持っているのは、実は赤ちゃんなのかもしれません。仕事は年上の先輩に学ぶもの…そんな時代ではもうありません（もちろんそれも大切だけど）。いろいろなビジネス書を読んだり、研修に参加して学ぶこともたくさんあるけれど、赤ちゃんに学ぶというのもひとつの手だと思います。全国の企業の偉い方々、赤ちゃん研修の導入なんていかがでしょうか。

2

なぜか愛されるコミュニケーションマスター

—赤ちゃんに学ぶ人間関係の築き方—

覗き込むように相手の目を見る。
モテる女性と赤ちゃんの共通点。

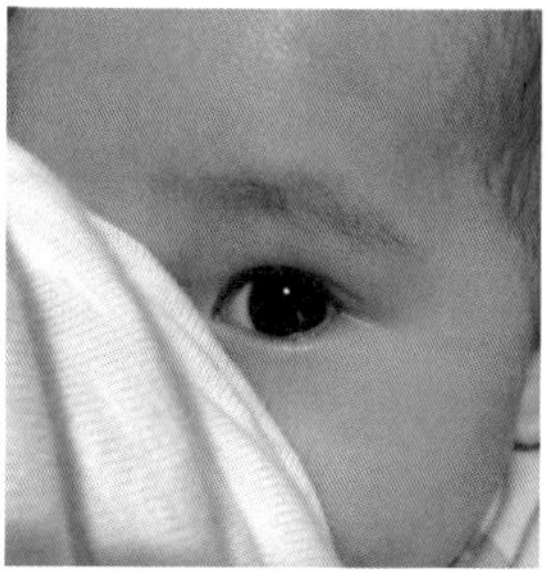

紙に「∵」と「∴」を書いて赤ちゃんに見せると、赤ちゃんは「∵」の方だけをじっと見ます。実はこれ、「∵」を人間の顔と思い込んで見ているから。人間の脳には、顔を認識する部分があって、その機能は赤ちゃんの頃からもう発達してるんです。なぜなら社会生活を送っていく上で、相手を見分けるというのはすごく重要なことだから。「相手の目を見る」コミュニケーションの基本中の基本。大人になると目を見て話せない人がときどきいるけれど。

一人でも笑ってみる。
肝心なとき
うまく笑うために。

笑顔の出来は、練習量に比例します。笑うことが習慣になっている人なら、きっとどんな場面でも愛されて得をするはず。思い出す顔が笑顔の人には、かないません。

じぶんの名前を
呼んでくれる人には
心を開きやすい。

自分の名前、特に下の名前をたくさん呼んでくれる人って、距離が近く感じますよね。きっと赤ちゃんのときに、家族にたくさん名前を呼んでもらったからなのかな。

嫌いになる前から
シャッターを閉めない。

壁がある人。そんな言い方があるように、相手を受け入れない空気感は、目に見える形で現れます。印象で決めないで、心のシャッターは開いておく。いつか深くつながることのできる、運命の相手かもしれないので。

うまく言えないほうが、
わりと伝わる。

饒舌《じょうぜつ》な人や話が面白い人＝伝える力のある人、ではありません。うまく言えなくても、強い気持ちがあれば、それは言葉とは違う形で相手に届いている。むしろ言葉にならないほうが刺さること、ありますよね。

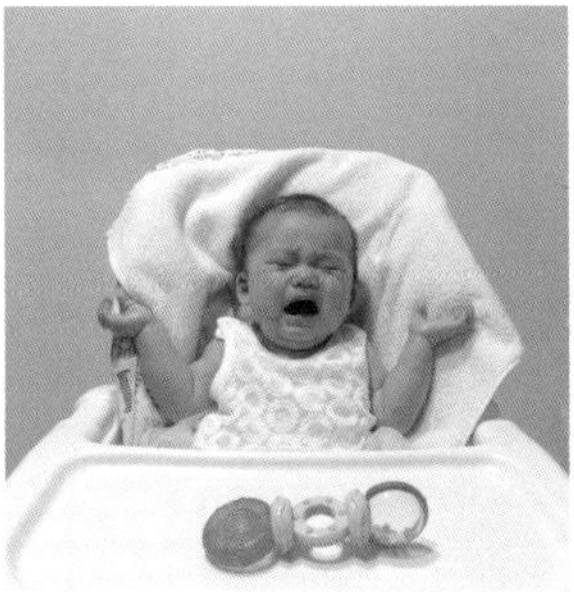

Wi-fiじゃ、つながらないもの。

会ったこともない、よく知らない人を、ネットで叩いたり燃やしたり。その時間を、近くにいる人を抱きしめる時間にあてたほうが、100%豊かです。

ケンカするなら１対１。

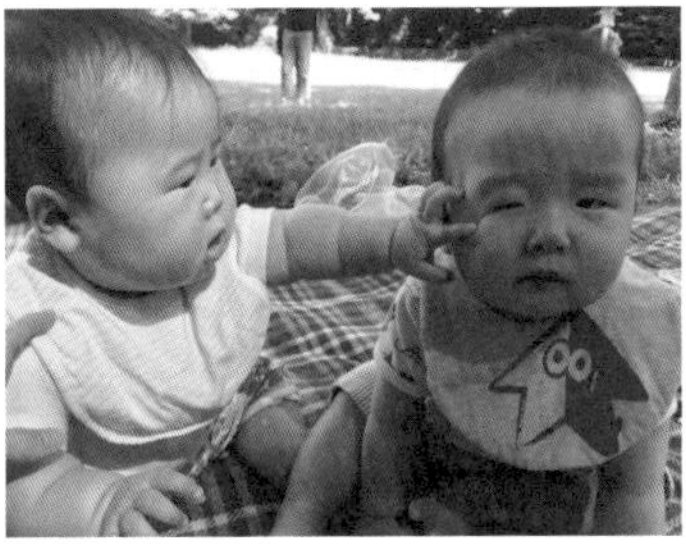

ケンカは悪いことじゃない。だけど守らないといけないルールがある。それは1対1ですること。みんな対ひとり、だとイジメになってしまうから。

国境なんて、
大人の中にしかありません。

赤ちゃんはすぐに友だちができる。それは、相手がどこから来たとか関係ないから。お互い地球出身くらいに思っているかもしれません。というかそんなことすら思ってないんでしょうね。

まず、こちらが愛さないと、
あちらも愛してくれない。

あなたが好きな人は、たぶん向こうもあなたが好き。

あなたが嫌いな人は、たぶん向こうもあなたが嫌い。

つまりこちらから相手を抱きしめれば、相手も抱きしめ返してくれるようになる。

難しい言葉は少なめに。
誰でもわかる言葉を多めに。

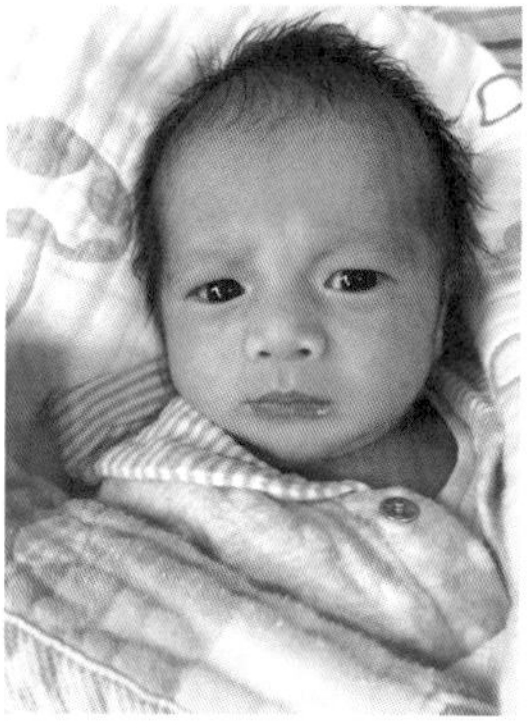

自分だけがわかっている難しい言葉を使う人。そういう人の話は、誰にも届かない。周りに人が集まってくる人は、みんながわかる、やさしい言葉を選んでいる。言葉はその人自身なんですね。

弱いところを
笑って見せられる。
強いね。

弱点とか短所って、人には見られたくないもの。だけど、そんな自分の弱みを、笑って打ち明けられる人がいます。それってその人にとって、ものすごい長所なんじゃないかな。

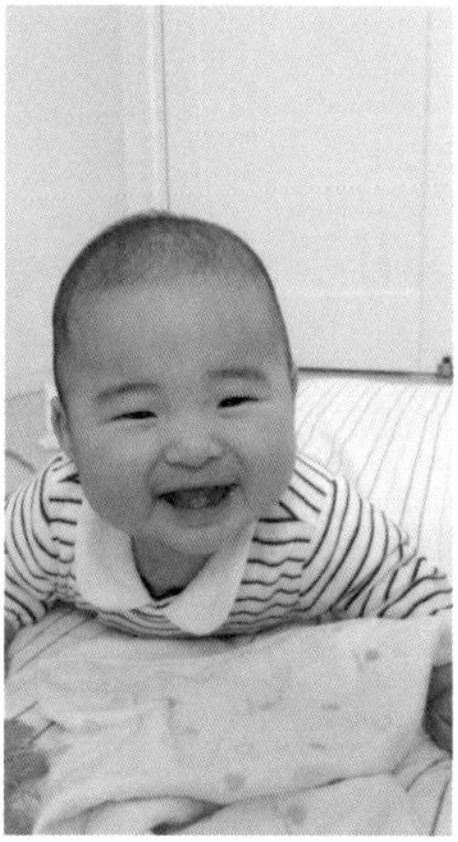

じぶんをよく見せようと
しないから、疲れない。

かっこつけたり背伸びしたり。そう見せてる間はいいけど、そのあと、とても大きな疲労がやってきます。はじめから気合が入っていない状態で向き合えば、自分も相手も疲れません。

他力本願って、
他人を信じてなきゃ
できない。

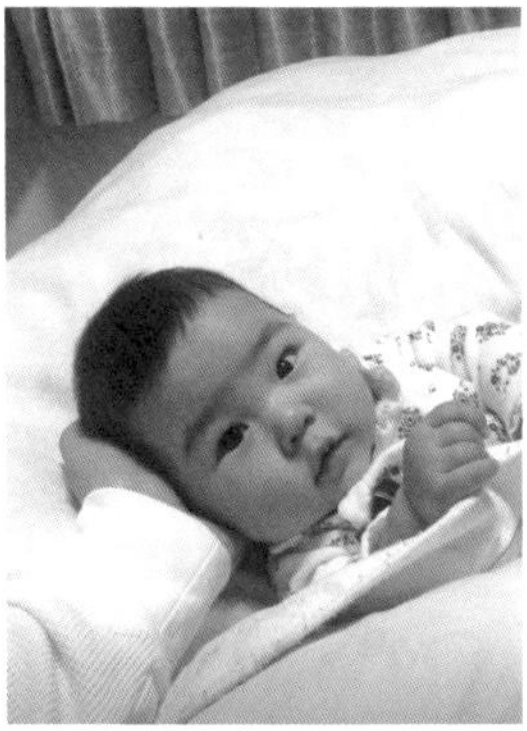

他力本願って悪いことみたいに言われるけど、人を信じられる心があるって、ある意味素晴らしいこと。他力不信よりだいぶいい。

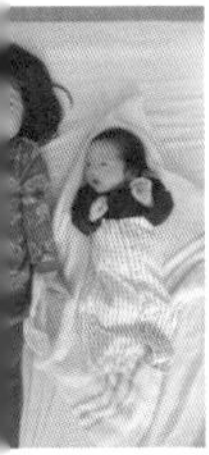
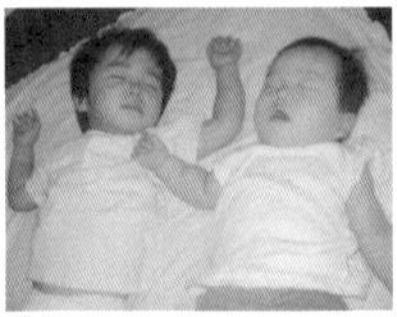

コラム

小さな娘を外国の公園で遊ばせたりすると、少し目を離した隙に現地の子どもと友達になっている、なんてことがよくあります。きっと彼女たちの中には国境も言語の壁も文化の違いもなくて、そこにあるのは人間と人間、という関係だけなのかもしれません。それに比べて自分は、まともに相手の目を見て話すことすらままなりません。ああ情けない。コミュニケーションは、人間が集団生活を送っていく中で基本にして最も重要なスキル。これができなければ生きていけないといっても過言ではありません。だから赤ちゃんは、生まれながらにしてコミュニケーションしようとする能力を持っているらしいのです。相手の目を見る。自分をよく見せようとしたりしない。衝突するリスクも含め、あるがままの自分でぶつかって、相手を知ろうとする。赤ちゃんのまっすぐな目の奥には、大人が社会で生きていくためにとても大切なものが映っています。

3

赤ちゃん、またの名を学びの達人

―大人顔負けの赤ちゃんの学習術―

ジタバタするのをやめたら、
成長は終わりです。

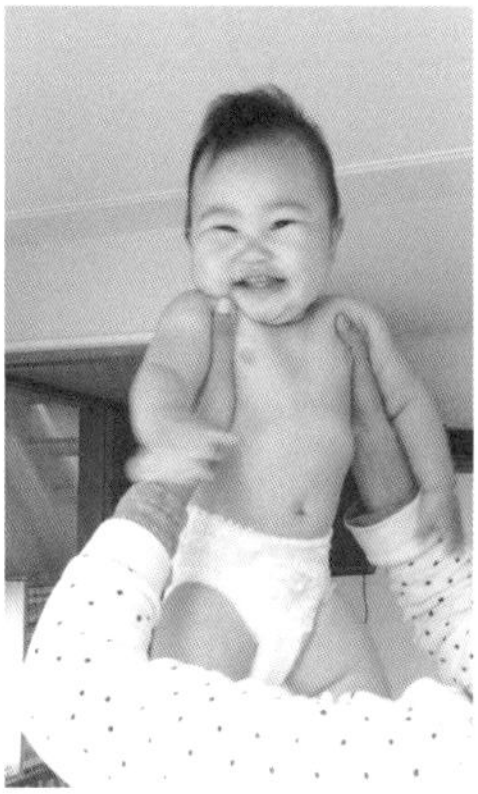

生まれて間もない赤ちゃんは、手と足をバタバタさせています。これは自分の手足の動かし方を確認しているため。最初はランダムな動作ですが、やがて手→足→手→足とか、右→左→右→左、という感じで動きがシンクロしてきます。このトレーニングがあるからこそ、ハイハイができるようになり、やがて2本足で立つことができるようになっていく。ジタバタして、もがいている間は、大人もきっと急成長しています。

チャンスは反射的につかむ。

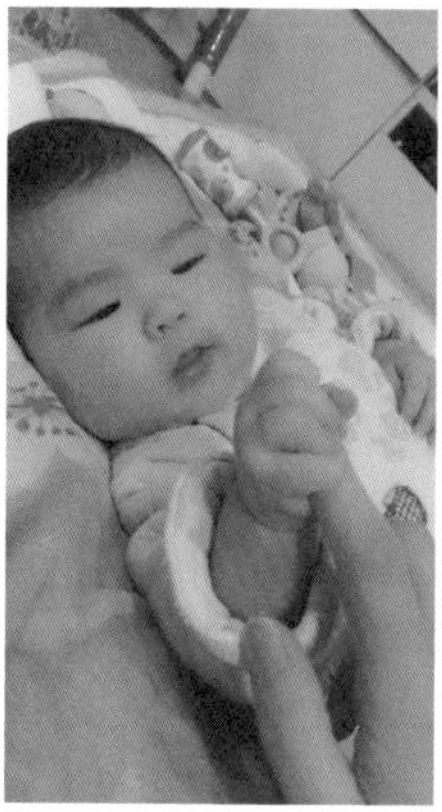

生まれて3カ月くらいまでの赤ちゃんの手に指を差し入れると、ギューっと握り返してきます。これは把握反射《はあくはんしゃ》と呼ばれ、木の上で枝を握って生活していたサルだった頃の習性が残っているからと言われています。その力は強く、赤ちゃんが自分の体を支えられるほど。大人になると、いろいろなことを考えすぎてチャンスを見過ごしてしまうけれど、そんなときは迷わず本能でつかむほうがいいのかもしれません。

仕草や動きが
親子で似てるのは、
パパやママを見て
覚えたから。

いちばんのお手本はやっぱり親だから、似てくるのは当然。悪いことはできないですね。神様が見てなくても、わが子が見ていますから。

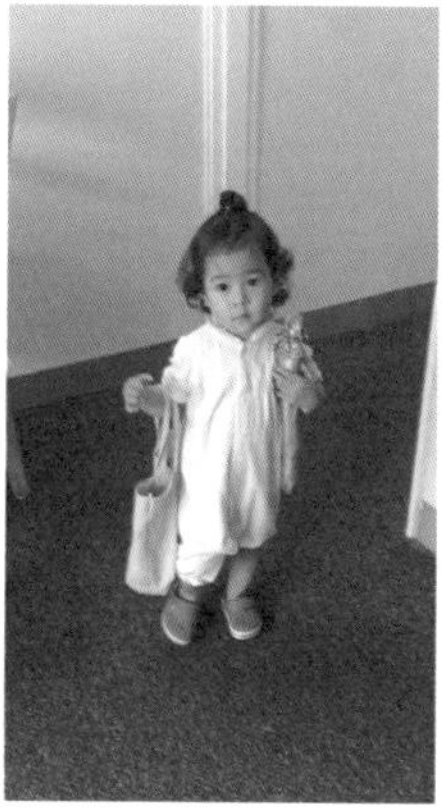

大丈夫。
転んでも、本能が守ってくれる。

赤ちゃんは転んでもあまり大きなケガをしない。きっと動物の本能が、反射的に体を守っているのでしょう。転ぶのを恐れて動かないほうが、よっぽどリスクかもしれません。

疲れたら寝る。
起きた後のじぶんが
何とかしてくれる。

休むこととサボることはちがいます。前に進むために、休むことは「しなければいけないこと」。誰かにぶん投げるわけじゃありません。睡眠後の自分に任せるんだからいいんです。

成長のきっかけは、
リスクの中に落ちている。

スポーツだって攻めてるときほど、守りが薄くなる。だけど攻めなければ勝てない。なんのリスクも取らないで結果を出すなんて、虫のいい話なのかもしれません。

たくさん転んでおいたほうが、
人生はいいほうに転ぶ。

転んでいなかったら、そこに落ちていたはずの成長のキッカケをつかめなかったかもしれない。一時的には痛いけど、何かをつかんで起きれば、転ぶのはいいことです。

うまくいってないときのほうが、
むしろ上に進んでいる。

何をやっても思うようにいかないとき、苦しくてもがき続ける。そのもがきが、暗い海の底から水面へとあなたを押し上げてくれる上昇気流になります。

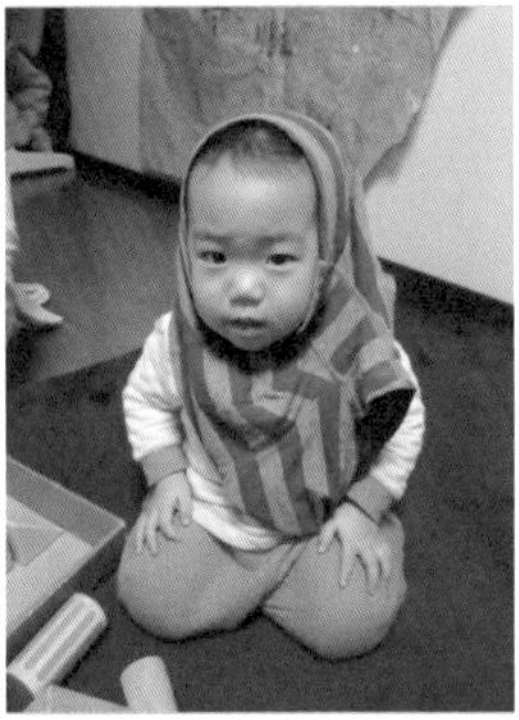

どんな相手であろうと、
出会うすべての人に
学ぶことがある。

好きな人には、参考にしたい部分がたくさんある。でも苦手な人も、意外といろいろ教えてくれる。自分と違う人、というだけで、人は相手から学ぶことができる。人類みな先生。

ゆっくり覚えたことのほうが、
忘れづらい。

要領が悪いとか、物覚えが悪いことに負い目を感じる必要なんてない。流行がすぐに去るように、ゲリラ豪雨がすぐ止むように、パッと覚えたことは、パッと忘れる。反対にじっくりゆっくり獲得したものは、一生失わない。

ミスした数は、
チャレンジした数。

赤ちゃんが毎日のようにごはんを撒《ま》き散らしたり転んだりするのは、チャレンジしまくってることの裏返し。自分は失敗ばかり、と思う人ほど、実はチャレンジをし続けている、かっこいい人です。

ある日とつぜん
歩けるようになる…
わけがない。

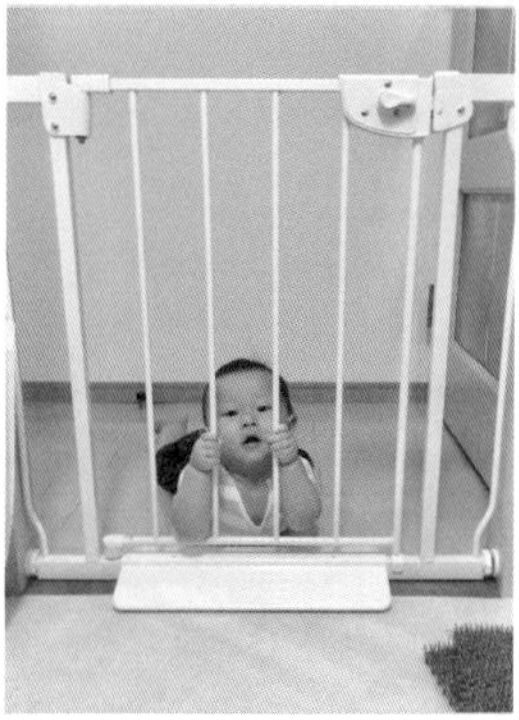

赤ちゃんが突然歩き出した、みたいなことを言う人がいますが、それは間違いです。彼らは大人が気づかない間にトレーニングを積み重ね、その準備が整ったときに歩き出します。何事も下積みありきです。

できないことを
「できない」と言えば、
手を差し伸べてくれる人が
現れる。

生きているとうまくいかないことだらけですが、できないことをできないと言えれば、不思議と誰かが助けてくれたりするもの。できないことを認めたり人に言える勇気が大切ですね。

もうできることより、
まだできないことのほうが、
価値がある。

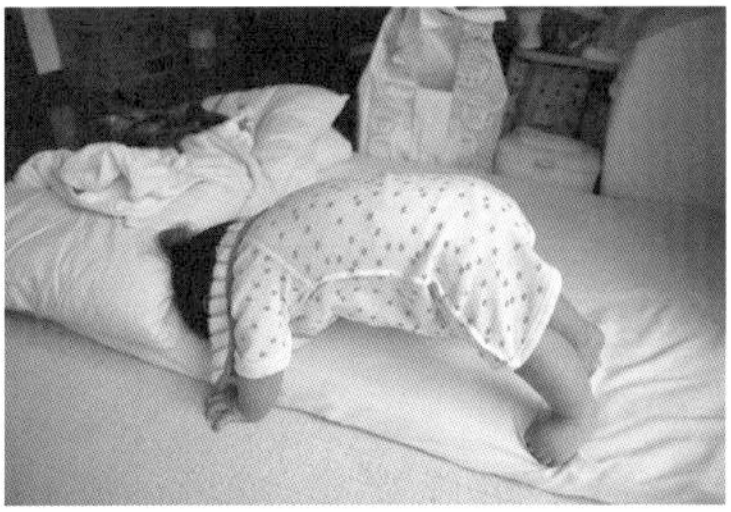

何かひとつできるようになると、次のできないことをクリアしようとする。赤ちゃんには「できるようになった！」と喜んでいるヒマはないらしいです。

われわれ大人はどうでしょう。

心配しても意味ないことは
心配しない。
意味ないから。

心配とは、心を配ること。配るなら、大切なことや意味のあることに配らないともったいない。人が配れる心には、数限りがあるから。

なんでも知ろうとする。
じぶんの限界以外。

無茶を繰り返し、やがて本当にできるようになってしまう赤ちゃん。可能性にフタをかぶせること＝大人になることだとしたら、悲しいですね。

できるようになった人
＝できるまで諦めなかった人

天才とか優秀とか呼ばれる人たち。もちろん適性とか元から持っているものもあるけれど、確実に共通しているのは「どこまでも諦めの悪い人」ということです。

予想外のできごとは、
教科書より教えてくれる。

思ってもみないことが起きたとき、人間はいつも以上に深く考えて、立ち向かおうとします。この本気度が高いほど、きっと学びも多い。予想外、意外と悪くない。

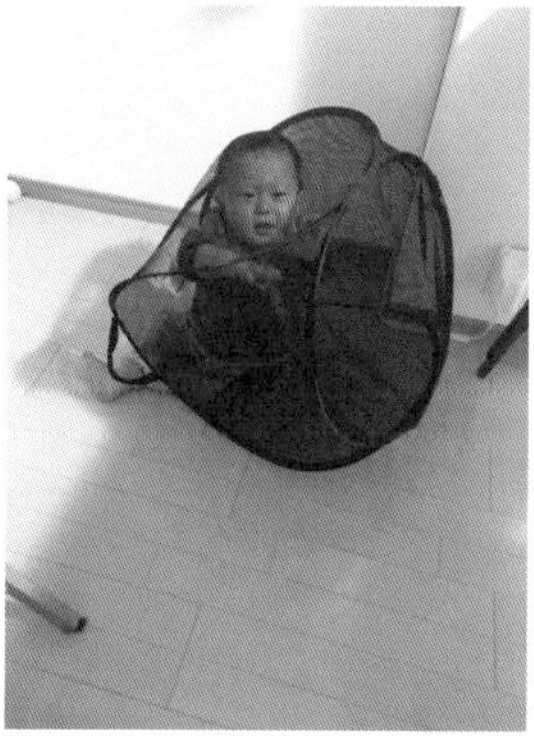

悩むヒマがあったら
失敗する時間にあてる。

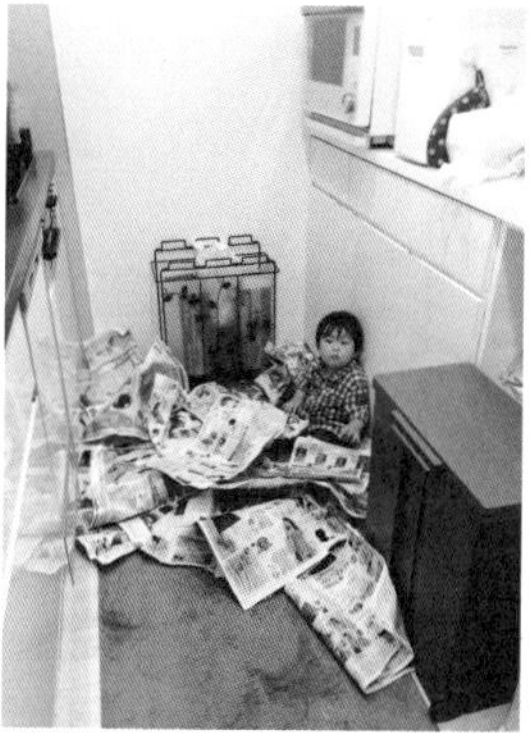

悩んでいても時間は過ぎていく。であれば、失敗に時間を割くほうが効率的。歴史上の偉人たちも、それに近いようなことを言っています。

まずはまっすぐ。
変化球は後から。

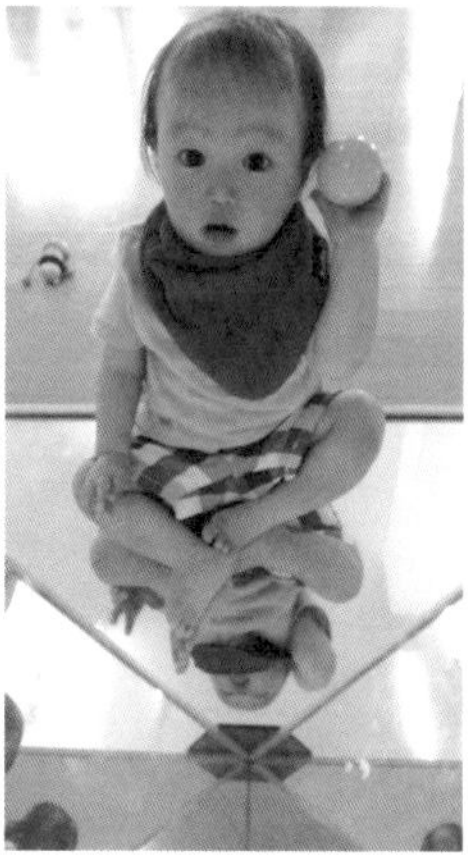

人と向き合うとき、仕事と向き合うとき、変にテクニックに走らない。まずは正々堂々と正面から立ち向かう。いきなり変化球投げるとヒジをやってしまうので。

急成長は、
たいていの場合、
大ピンチの後にやってくる。

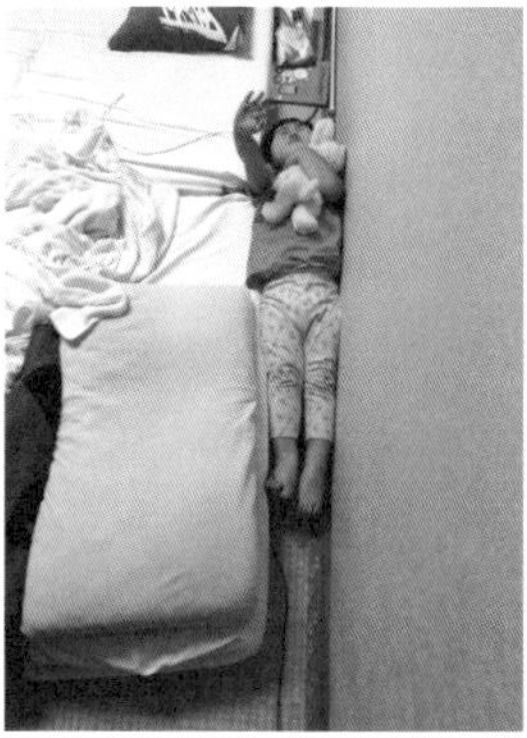

できればピンチなんて来て欲しくないけど、ピンチの後ろには一皮むけた自分がついてくる、はず。というか、そう思わないとやってられません。

低姿勢でないと
見えてこないものがある。

みんなからすごいと思われている人ほど、自信がなかったり、迷っていたりする。きっと、自分はまだ発展途上だと思っている。だからいろいろ見える。もっと伸びる。

コラム

赤ちゃんの学習姿勢

幼児用のおもちゃ売り場に行くと、よく「知育おもちゃ」みたいな言葉を見かけるのですが、私はそれに少しだけ違和感を感じてしまうのです。赤ちゃんを見ていると、おもちゃであろうとテレビ番組であろうと昆虫であろうと、相手が何であれ、ものすごく真剣に向き合っています。そしてどうやら、遊んでいるように見えて、自分の中に何かしら取り入れようと模索しているらしい…。だから「知育」という言葉自体がちょっと変というか、見聞きするすべてのことが「知育」だと思うのです。たとえば歩き方や所作が親に似ている人、けっこういますよね。あれって、赤ちゃんのときに親の動きを見て学んだからと言われています。親の背中を見て育つ、は、まさに知育なんですね。真剣に向き合えば、すべて学びになる…私たち大人はできているでしょうか。いま向き合っているものに学びがあるかどうか。その答えは自分の中にあるのかもしれません。

4

産まれたときから人生の達人

―目からウロコな赤ちゃんの人生観―

甘いものは最初から好き。
苦いものはだんだん好きになる。
人生みたいに。

赤ちゃんには生まれつき好きな味があります。甘いものとかダシのようなしょっぱい味は大好き。けれど苦味とか酸味とかは苦手。野生の本能が「毒がある、腐っている」と感じて拒絶するらしいのです。だけど経験を積みながら、そのおいしさを感じるようになっていく。人生を深く広く味わおうとするなら、まず食わず嫌いをやめる、ですね。

大人は夢を見るのが
下手ですね。

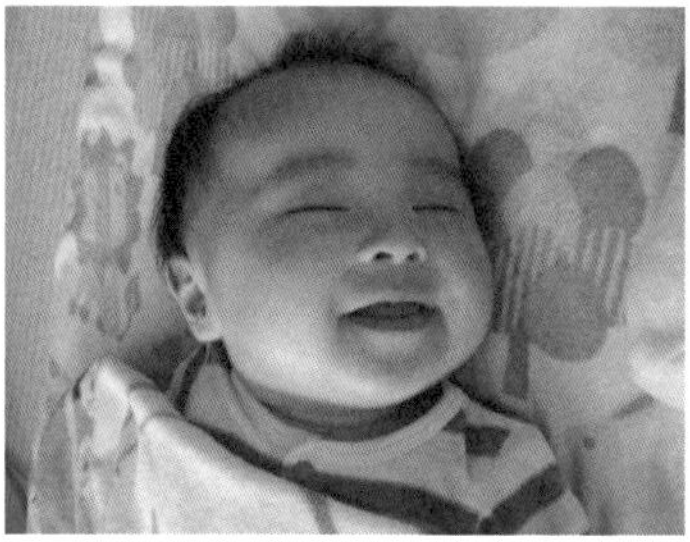

胎児はおよそ20分おきに寝たり起きたりを繰り返しています。これも生き抜くための本能からといわれています。野生動物の赤ちゃんがのんきに寝ていたら、敵に襲われて死んでしまう。その本能が残っているから、じっと寝ていられないのです。ひょっとしたら、大人はずっと寝てるから、夢を見るのが下手なのでしょうか。

人間は、
ラララと歌いながら
生まれてくる。

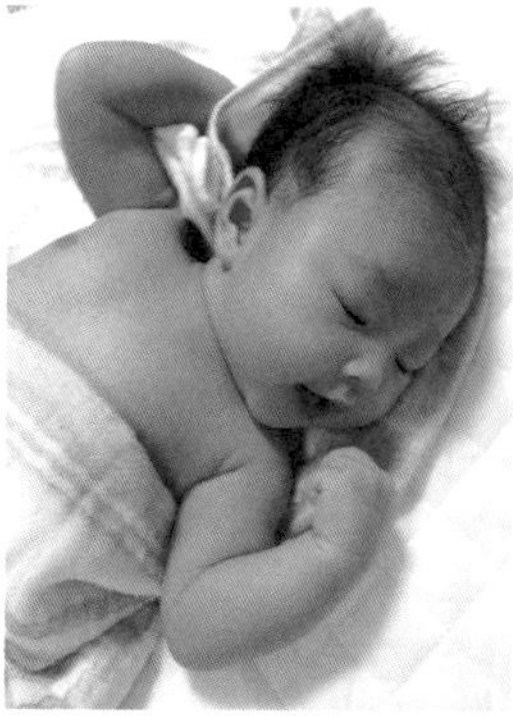

生まれたての赤ちゃんのノドは、鼻呼吸をし続けながら母乳を飲みこめるような構造になっています。それによって、出せる声のバリエーションは限られており、音域でいうと400～500Hz（ヘルツ）しか出せないそうです。これはドレミでいうところの「ラ」付近の音。生まれたときは誰もが「ラララ」と発している。大人になってもそんな風に歌いながら生きていきたいですね。

昨日と違う、というだけで、
今日は最高の一日です。

まさかの出来事は、赤ちゃんにとってはうれしい出来事。未知を知ることは、すくすく育つための栄養だから。何が起きるかわからない明日は、ぜんぶ明るい日です。

えらそうな大人が集まって、
赤ちゃんみたいなこと言ってる。

みんなから先生と言われてるような人たちが、毎日子どものケンカみたいなことしてる。かわいくないからさらにタチが悪い。

じぶんの笑顔に
だまされるのは、
いいことです。

作り笑いでも、体はそれを信じて、少し元気になるらしいです。元気だから笑う→笑うから元気になるという逆転も起きうるということです。

生きてるだけで親孝行。

子どもが元気でいてくれるだけで、親は、子どもが思う以上にうれしい。だからそんなに頑張らなくていいし、ふつうに元気ならもう十分。

どう思われるかより、
じぶんがどう思うか、
で決める。

こうしたら、周りからこう思われる。そんな基準で
生きていくって、なかなか息苦しい。だから時々は
自分の声だけに従ってみる。そのほうが楽だし、
案外周りから誉められたりする。

じぶんの中の野獣を、
ときどき檻から出して
みませんか。

我慢は大切だけど、ときどき邪魔にもなる。自分を抑えることが報われる時代でもないし、たまには直感とか野生に従うほうが、自分も周りも健全かもしれません。

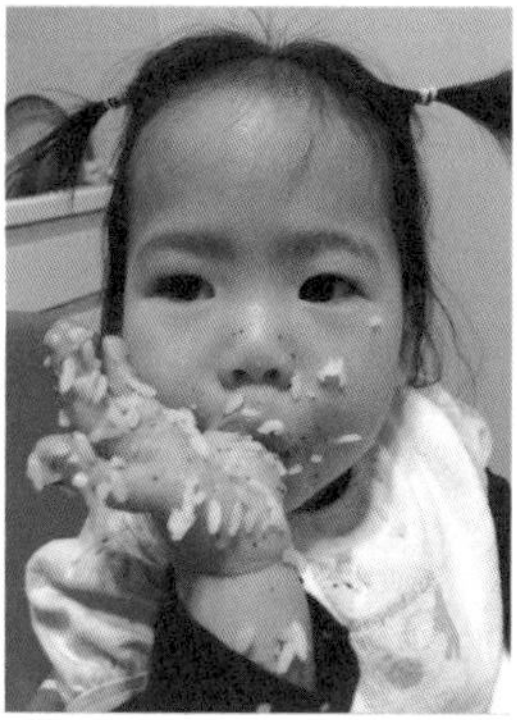

動物は大人になっても鳴く。
人間はなんで
やめてしまうのだろう。

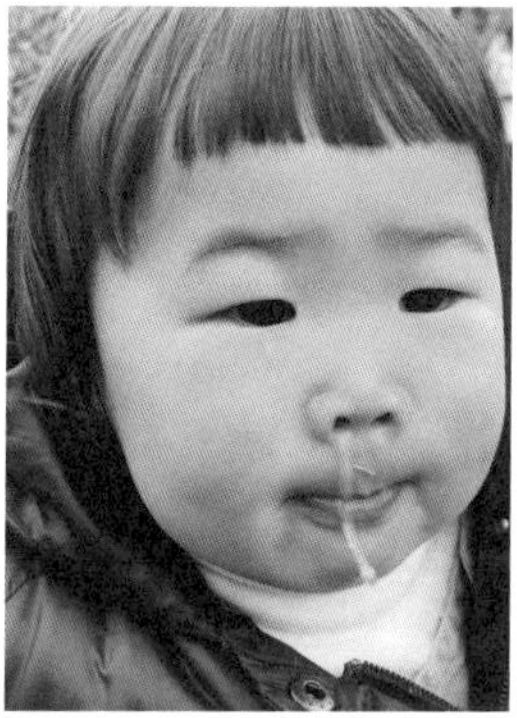

涙を流したり、大声を出したり、街の中でやって
たら怒られるけど、家の中でやるのはいいと思う。
泣き叫びデトックス、どうですか。

愛嬌は、ほぼ最強。

顔を思い出すとき、なぜかいつもニコニコと笑ってる。
そういう人には、お金持ちより、無表情な美人より、
人が集まってくる。無敵です。敵がいませんから。

悲しいからじゃない。
こんなところで
終われないから泣いている。

小さな赤ちゃんは、感情だけでなく、何か目的や戦略を持って泣いています。涙はもともと、前に進むために流れるものだったのかもしれません。

かたい頭は、
ぶつけたときに割れやすい。

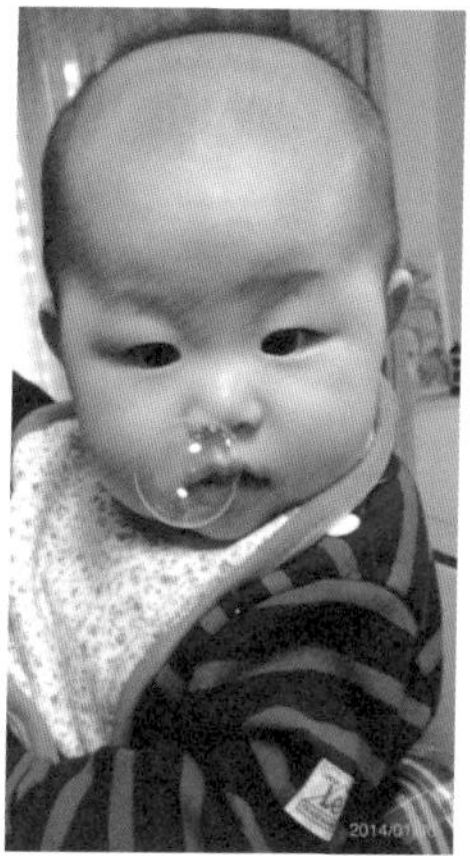

自分の中に定型文しかない生き方だと、自分がいちばん苦しくなる。赤ちゃんのように頭がふにゃふにゃなら、ぶつけてもへこんでもすぐ元どおり。

恨んでも、憎んでも、
こっちが疲れるだけ。

許せないことが起きたとき、人は多くのエネルギーを消費する。そしてたいてい、そのエネルギーは解決に向かうためではなく、自分が疲れるために使われる。残念。

じぶんの可能性を
甘く見ないほうがいい。

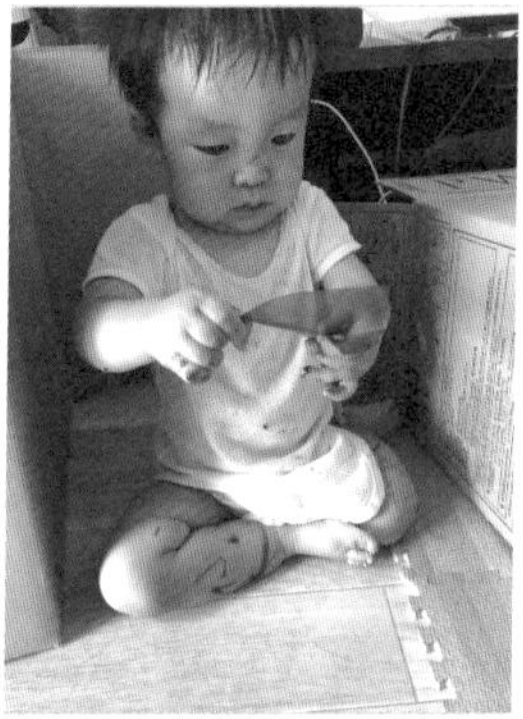

できるか、できないか、の二択ではなく、したいか、
したくないか、の二択で生きる。そのほうが、きっと
できるようになる。

たくさんのいいねより、
大切な人の"1いいね"。

多くの人から褒められると、その瞬間は嬉しいけど、あんまり残らない。大切な人に褒められると、それが一人でも、なぜかずっと残ってる。

情緒不安定って、
悪いことでしょうか。

号泣→爆笑→真顔。赤ちゃんが百面相《ひゃくめんそう》なのは、今この瞬間を生きているから。心が動き続けることは、たまにならいいことです。

多様性とか言わないと、
多様でいられないなんて。

いちいち言葉にするということは、自信がないことの表れでしょうか。多様性という言葉を使わなくていい時代になりますように。

赤ちゃんはみな、
後悔のない生き方を選んでいる。

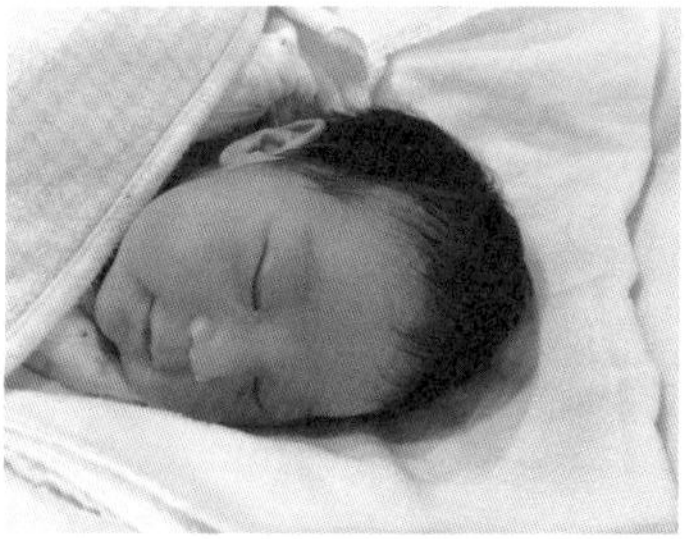

生き方に正解なんてないけれど、ひとつだけ正解があるとしたら、悔いのない生き方だと思う。赤ちゃんがいつも、今を全力で生きているように。

コラム

赤ちゃんの人生観

ぐずったり泣き叫んだりする赤ちゃんはたくさん見かけますが、悩んだり落ち込んでいる赤ちゃんは見たことがありません。それはまだ落ち込むだけの知能が身についてないから…なのかもしれないけれど、それだけじゃないのかも、と思うのです。赤ちゃんは私たちが想像する以上に多忙です。「生き残る」という大義があるので、大人よりもはるかに高いモチベーションで成長しようとします。だから落ち込んだり悩んでいるヒマがない、といったほうが正しいのかもしれません。寝て、起きて、笑って、食べて、泣いて、叫んで、また寝て…というように、数秒単位でいつも目の前の「今」を生きている。野生動物もきっと自殺したりしない。そんなこと考えるヒマもないでしょうから。人間の大人たちは、未来を考えて不安になったり、過去を振り返って「あの頃はよかった」なんて言ったりする。頭が良すぎることで、自分を苦しめてしまう。大人はつくづく変な生き物です。

おわりに

現代を生きる大人たちも、かつては赤ちゃんでした。けれどいつからか、相手の目を見なくなったり、心の壁を閉ざしたりするようになったり、自分の伸びしろを自分で狭めるようになっていく。まさに自分自身がそうでした。でも、ふたりの娘が生まれ、その成長を見ているうちに、出会ったことのない感情や、人生初の気づきをたくさんもらいました。泣きながら、それでも諦めない彼女たちの姿に知識とか理屈を超えた学びがありました。「そうか、育てられているのはこっちなんだ」という気持ちの先に生まれたのが「赤ちゃんセンパイ」という言葉でした。

本著を書くにあたり、お声がけいただいたKKロングセラーズの真船壮介さん、富田志乃さん。赤ちゃんの不思議について監修していただいた岡田浩之先生。同い年の知り合いの中で、最も赤ちゃんのような冒険心を持つアートディレクターの岡室健くん。デザインから素材集めまで尽力してくれた北野亜弓さん。そしてたくさんの大切な写真をご提供いただいた、赤ちゃんの親御さんたち。本当にありがとうございました。

最後に、僕を赤ちゃんのときから見守ってくれている両親、自分のもとに生まれてきてくれた舞花と玲花、そのふたりを産んでくれた妻、瑞季に、一生消えることのない感謝を。

2020年8月　野澤幸司

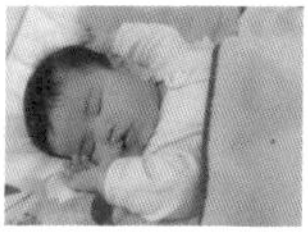

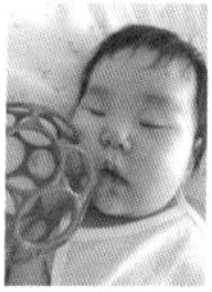
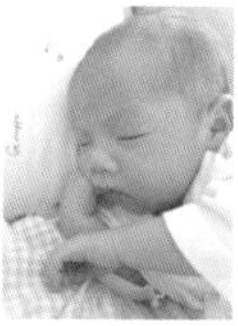
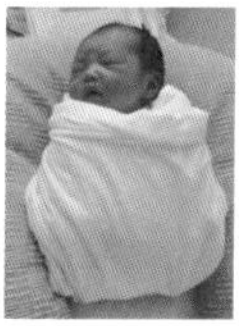
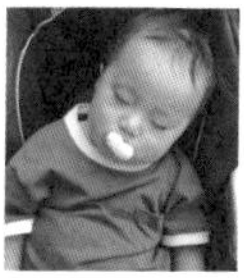
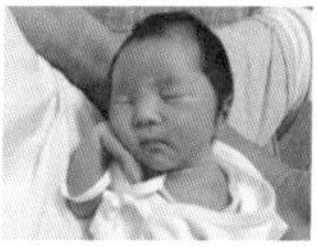
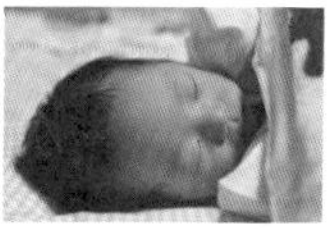

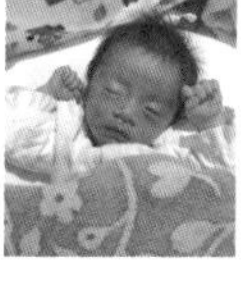
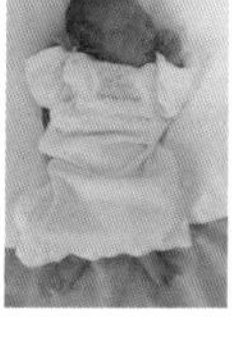

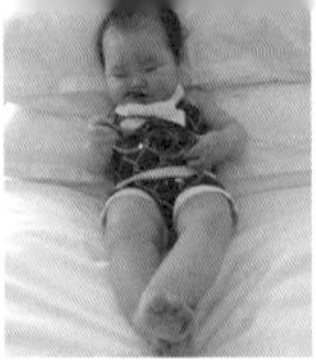
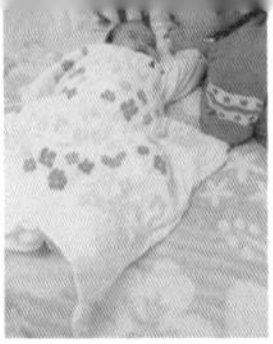

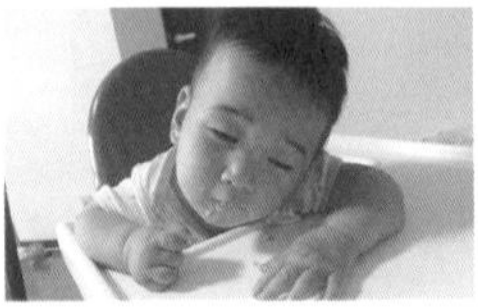

NEVER

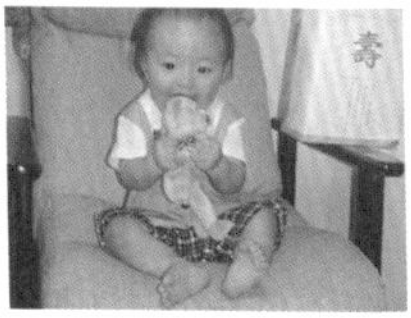
寿

野澤幸司

茨城県牛久市出身。竜ヶ崎第一高等学校、青山学院大学法学部卒業。ハガキ職人を経てコピーライターに。普段はいろいろな広告のコピーや CM を考える仕事をしている。
著書に『妄想国語辞典』（扶桑社）、『同僚は宇宙人』（小学館）、『10分あったら、どう考える？』（大和出版）などがある。

岡田浩之（監修）

玉川大学脳科学研究所応用脳科学研究センター教授。赤ちゃんの発達とロボット知能の融合などをテーマに研究している。赤ちゃん研究とロボット、一見関係ないこの二つを繋ぐもの、それは、しなやかな知性の仕組み。人にやさしいロボットを創ることは人を理解する鍵となる、そう信じて研究を続けている。ロボット研究の先に見える人の心、人の心を解き明かしたい。

生き方のヒントをくれる赤ちゃんセンパイ

著者　野澤幸司

監修　玉川大学脳科学研究所 教授
岡田浩之

真船美保子
発　KKロングセラーズ
39-0075　東京都新宿区高田馬場2-1-2
8204-5161　振替00120-7-145737
http://w o.jp

アートディレクション　岡室健
デザイン　北野亜弓
印刷・製本　大日本印刷（株）

落丁・乱丁はお取り替えいたします。
＊定価と発行日はカバーに表示してあります。
ISBN978-4-8454-2462-7　C0030　Printed in Japan2020